Andrea Maria Wagner

# Blinder Passagier

Deutsch als Fremdsprache

Ernst Klett Sprachen
Stuttgart

Andrea Maria Wagner

**Blinder Passagier**

1. Auflage        1 $^7$ $^6$ $^5$ $^4$ $^3$ | 2019 18 17 16 15

Alle Drucke dieser Auflage sind unverändert und können im Unterricht nebeneinander
verwenden werden.
Die letzte Zahl bezeichnet das Jahr des Druckes. Das Werk und seine Teile sind
urheberrechtlich geschützt. Jede Nutzung in anderen als den gesetzlich zugelassenen
Fällen bedarf der vorherigen schriftlichen Einwilligung des Verlags. Hinweis zu § 52 a
UrhG: Weder das Werk noch seine Teile dürfen ohne eine solche Einwilligung eingescannt
und in ein Netzwerk eingestellt werden. Dies gilt auch für Intranets von Schulen und
sonstigen Bildungseinrichtungen. Fotomechanische oder andere Wiedergabeverfahren
nur mit Genehmigung des Verlags.

Redaktion: Jutta Klumpp-Stempfle
Layoutkonzeption: Elmar Feuerbach
Illustrationen: Ulf Grenzer, Berlin
Gestaltung und Satz: Eva Mokhlis; Swabianmedia, Stuttgart
Umschlaggestaltung: Elmar Feuerbach
Titelbild: Ulf Grenzer, Berlin
Druck und Bindung: Medienhaus Plump GmbH, 53619 Rheinbreitbach
Printed in Germany

Tonregie und Schnitt: Ton in Ton Medienhaus, Stuttgart
Sprecher: Nils Weyland

ISBN 978-3-12-557005-4

# Inhalt

Kostenloser Hörtext online:
Einfach QR-Code mit dem Smartphone scannen oder
**rc77u6** auf www.klett.de eingeben.

N
W · O
S

Schleswig-Holstein
Kiel

Hamburg
Hamburg

Mecklenburg-Vorpommern
Schwerin

Bremen
Bremen

Niedersachsen
Hannover

Berlin
Berlin

Potsdam

Magdeburg

Brandenburg

Nordrhein-Westfalen
Duisburg
Düsseldorf
Köln
Bonn
Koblenz

Sachsen-Anhalt

Sachsen
Dresden

Hessen

Thüringen
Erfurt

Mosel
Wiesbaden
Rheinland-Pfalz
Mainz

Saarland
Saarbrücken

Rhein

Karlsruhe
Stuttgart

Straßburg

Bayern

Frankreich

Baden-Württemberg

München

Basel

Schweiz

4

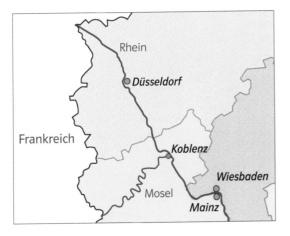

## Flussschifffahrt
- Transportwege insgesamt: 7.472 km
- Rhein und Nebenflüsse: 1.797 km
- Flussschiffe in Deutschland: ca. 5.000
- Schiffe auf dem Rhein: ca. 500
- Transport: Kohle, Maschinen, Aluminium, Kartoffeln ...

## Rhein
- Längster Fluss Deutschlands: 865 km
- Grenze zu Frankreich
- Städte am Rhein: Duisburg, Düsseldorf, Köln, Bonn, Koblenz, Mainz, Karlsruhe
- Tourismus: Schiffstour (26 Burgen zwischen Koblenz und Bingen, Loreley)

www.koblenz.de
www.romantischer-rhein.de

die Burg

das Flussschiff

der Fluss

# 1  Abschied von Basel

Carolina hat Osterferien. Im Moment ist sie noch in der Schweiz. Aber bald ist sie wieder in Deutschland, bei ihren Freunden in Duisburg. Carolinas Eltern haben ein Flussschiff. Sie fahren damit über den Rhein, die Mosel

„Leinen los!"

„Tschüss Basel, tschüss Schweiz!"

und andere Flüsse in Deutschland. Sie transportieren Metall, Maschinen, Kartoffeln, Kohle … Heute transportieren sie noch etwas anderes. Aber das wissen sie noch nicht …

✿

„Caro, das Frühstück ist fertig!", ruft ihre Mutter aus der Küche.
„Ja, ich komme gleich!"
„Caro, kannst du bitte noch Milch holen?"
Carolina geht zum Vorratsraum und öffnet die Tür.

Sie schaltet das Licht nicht ein. Sie sieht die Milch sofort. Sie steht im Regal neben der Tür.
Plötzlich hört sie etwas.
Sie denkt sofort an Ratten oder Mäuse. Mäuse findet sie ja ganz süß. Aber Ratten mag sie überhaupt nicht. Im Vorratsraum gibt es so viel zu essen … und vielleicht Ratten?

# 2 Frühstück auf dem Flussschiff

„Kommt Papa nicht zum Frühstück?", fragt Carolina ihre Mutter.
„Aber Caro, Papa ist oben. Wir fahren doch schon!"
Carolina fährt nur in den Ferien auf dem Flussschiff mit. Wenn sie keine Ferien hat, wohnt sie im Internat.

❋

Carolina isst zwei Brötchen mit Erdbeermarmelade. Ihre Oma hat Erdbeeren im Garten und macht die Marmelade selber. Sie schmeckt viel besser als die Marmelade aus dem Supermarkt.

„Caro, kannst du bitte Würstchen aus dem Vorratsraum holen?"
Aber Carolina möchte nicht schon wieder in den Vorratsraum gehen und sagt: „Aber Mama, wir haben gestern Würstchen gegessen. Können wir heute nicht etwas anderes essen?"
„Was möchtest du denn essen?"
„Hm, vielleicht eine Spezialität aus Süddeutschland …?"
„Gut, dann gibt es Spätzle …"

www.spaetzle.de
Man kann sie selber machen.
Man kann sie auch kaufen.

„Hm, lecker! Im Internat essen wir immer nur Kartoffeln, Pommes frites, Kartoffelknödel …"

❀

Carolina muss die Spätzle holen. Jetzt muss sie noch einmal in den Vorratsraum gehen. Sie öffnet die Tür. Da sind die Nudeln … und die Spätzle. Sie nimmt die Spätzle aus dem Regal. In dem Moment hört sie wieder etwas. Was ist das?
Sie schließt die Tür schnell und geht zurück in die Küche.

# 3 / Hochwasser

Carolina steht neben ihrem Vater. Sie fahren jetzt schon seit zwei Stunden. Auf dem Rhein sind heute viele Schiffe.
„Papa, der Rhein hat aber viel Wasser."
„Ja, stimmt. Hoffentlich bekommen wir kein Hochwasser. Das ist ein großes Problem."
„Was denn für ein Problem?", fragt Carolina.
„Bei Hochwasser dürfen wir nicht weiterfahren. Wir müssen dann eine Pause machen", antwortet ihr Vater.

✳

„Papa, … gibt es im Moment Ratten auf unserem Schiff?"
„Ratten? Warum fragst du?"
„Ich habe heute im Vorratsraum etwas gehört", sagt Carolina.
„Es gibt manchmal Ratten auf den Schiffen. Ratten essen gerne Kartoffeln …", erklärt ihr Vater.

„Und im Vorratsraum? Da gibt es doch auch viel zu essen", sagt Carolina.

„Ich kontrolliere den Vorratsraum jeden Tag. Ich kann ja nach dem Mittagessen noch einmal kontrollieren", sagt ihr Vater.

„Das ist gut", denkt Carolina.

⚘

„Wichtige Nachricht an alle Flussschiffe … Vorsicht! Es gibt Hochwasser!", hören Carolina und ihr Vater im Radio.

„Vielleicht haben wir Glück und kommen vor dem Hochwasser in Koblenz an." Carolinas Vater ist jetzt etwas nervös.

⚘

Carolina geht zurück in die Küche.

„Mama, Papa möchte oben essen und ohne Pause weiterfahren."

„Ja, o.k.! Caro, kannst du bitte noch Getränke aus dem Vorratsraum holen? Die Flaschen stehen ganz hinten links."

„Jetzt muss ich schon wieder in den Vorratsraum", denkt Carolina.

# 4 / Ratten auf dem Schiff?

Carolina öffnet langsam die Tür. Sie hat ein bisschen Angst. Aber sie möchte kein kleines Mädchen sein und sagt laut: „Hier sind keine Ratten!"

Da! Sie hört wieder etwas. Sie schließt die Tür schnell und läuft zurück in die Küche.

„Mama, im Vorratsraum sind Ratten!", ruft sie laut.

„Caro, wir haben keine Ratten auf unserem Schiff. Papa kontrolliert immer."

„Ja, ich weiß. Aber ich höre im Vorratsraum etwas …!"

„Caro, du bist doch ein großes Mädchen. Du klopfst laut an die Tür. Dann schaltest du das Licht ein und alle Tiere laufen schnell weg …", sagt Carolinas Mutter und lacht.

✵

Carolina hat große Angst vor Ratten. Aber die Idee ihrer Mutter ist gut.

Carolina klopft laut an die Tür und öffnet sie. Sie schaltet das Licht ein. In diesem Moment hört sie etwas. Da … da hinten ist etwas! Ratten?

„Iiiii", schreit sie ganz laut.

„Hey, sei doch leise! Keine Angst!"

„Die ‚Ratte' spricht!", denkt Carolina.

> Grüezi = Guten Tag! Hallo!

Diese ‚Ratte' ist 1,85 m groß, hat blonde Haare und trägt Jeans und T-Shirt.

„Grüezi, ich heiße Roman", sagt die ‚Ratte'.

„Was machst du hier auf dem Schiff?", will Carolina wissen.

„Ich weiß es nicht."

„Was, du weißt es nicht?"

„Ich weiß es wirklich nicht. Am Wochenende gehe ich immer mit meinen Freunden in Basel in die Altstadt. Wir essen dann Pizza und gehen zum Hafen. Gestern war ich plötzlich sehr müde. Vielleicht bin ich eingeschlafen …?"

„Eingeschlafen? Und dann?", fragt Carolina.

„Dann kommst du und machst das Licht an."

# 5 / Und jetzt? 🔘

Carolina findet den Jungen ganz nett. Nur die Geschichte aus Basel findet sie ein bisschen komisch.

„Es tut mir leid! Ich gehe dann mal", sagt Roman.

„Gehen? Wohin denn?", fragt Carolina.

„Na, nach Hause. Ich wohne doch hier in Basel."

„Basel? Wir sind schon lange nicht mehr in Basel." Carolina lacht.

„Aber ... ich muss nach Hause!", sagt Roman.

„Kannst du gut schwimmen?", fragt Carolina.

„Schwimmen? Warum fragst du?"

„Wir sind auf dem Weg nach Koblenz. Du kannst natürlich nach Hause schwimmen, aber das sind viele Kilometer ...", antwortet Carolina und lacht.

„Und was machen wir jetzt? Ich muss nach Basel ..." Roman ist nervös.

„Wir gehen jetzt zu meiner Mutter in die Küche. Sie hat immer eine gute Idee. Komm!"

# Ein „Blinder Passagier"

„Mamaaa …!"

„Ja, Caro, was ist denn? Hast du die Getränke geholt?"

„Oh je, nein! Die Getränke sind noch im Vorratsraum. Aber ich habe etwas anderes …!"

„Was denn? Vielleicht Schokolade?"

„Nein, Mama. Es ist keine Schokolade …"

„Was ist es denn?"

„Mama, es ist so … ich gehe in den Vorratsraum. Ich schalte das Licht ein …"

„Und?"

„Und da ist dann …"

„Was ist da?" Carolinas Mutter wird langsam nervös.

„Ein ‚Blinder Passagier'!"

„Ein ‚Blinder Passagier'? Eine fremde Person? Auf unserem Schiff? Das kann nicht sein! Papa kontrolliert das Schiff immer."

„Tut mir leid! Aber ich bin wirklich ein ‚Blinder Passagier' auf Ihrem Schiff." Roman kommt jetzt auch in die Küche.

„Und wer bist du?", fragt Carolinas Mutter.

„Ich heiße Roman. Roman Steinhuber. Ich will aber gar nicht mitfahren."

„Du willst gar nicht mitfahren? Und warum bist du hier auf unserem Schiff?", fragt Carolinas Mutter.

„Ich weiß es nicht. Ich bin mit meinen Freunden abends in Basel. Wir essen Pizza und gehen dann zum Hafen. Dann werde ich müde und schlafe ein … Und dann kommt dieses Mädchen und schreit."

„Aha."

„Es tut mir wirklich leid." Roman ist jetzt sehr nervös. „Ich muss zurück nach Basel. Meine Eltern wissen nicht, wo ich bin."

❀

„Jetzt essen wir erst mal etwas. Und nach dem Mittagessen sprechen wir mit meinem Mann", sagt Carolinas Mutter.

Roman denkt: „Ich bin ein ‚Blinder Passagier'. Und die Mutter ist so nett zu mir."

„Magst du Spätzle?", fragt Carolinas Mutter.

„Ja, sehr gerne. Vielen Dank!", antwortet Roman.

„Was möchtest du trinken? Saft, Cola, Mineralwasser …?", fragt Carolinas Mutter.

„Oh je, Mama … die Getränke sind noch im Vorratsraum."

„Ach Caro …! Roman, gehst du bitte mit Caro noch einmal in den Vorratsraum?"

„Ja, klar!"

„Caro heißt du also", sagt Roman.

„Ich heiße Carolina. Aber alle sagen Caro."

Nach dem Essen räumt Carolina den Tisch ab. Roman hilft ihr. Sie findet ihn sehr sympathisch.

„Roman, du musst deine Eltern anrufen und sie informieren", sagt Carolinas Mutter.

„Es tut mir wirklich leid, dass Sie jetzt ein Problem haben", sagt Roman leise.

„Das ist schon o.k. Wir finden eine Lösung."

„In welcher Stadt kann das Schiff halten?", fragt Roman.

„Wir fragen meinen Vater. Er kann uns sagen, wo wir eine Pause machen. Komm mit!", sagt Carolina.

✿

„Papa, wir haben einen Gast auf dem Schiff. Das ist Roman!"

„Einen Gast?"

„Ja, Entschuldigung! Ich bin seit gestern Abend auf dem Schiff", sagt Roman.

Carolina erklärt ihrem Vater die Situation.

„Papa, wo können wir eine Pause machen? Roman muss zurückfahren nach Basel."

„Das ist ein Problem. Es gibt bald Hochwasser. Wir können keine Pause machen. Ich muss schnell nach Koblenz fahren", sagt Carolinas Vater.

„Und ich?", fragt Roman.

„Kannst du bis Koblenz mitfahren?", fragt Carolinas Vater.

„Ich muss meine Eltern fragen ...", sagt Roman.

„Hier ist das Telefon."

✻

Roman telefoniert mit seinen Eltern.

Carolina versteht nur ‚Grüezi'. Roman spricht mit seinen Eltern Schweizerdeutsch.

„Mein Vater möchte gerne mit Ihnen sprechen", sagt Roman zu Carolinas Vater.

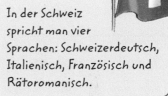

„Linden, guten Tag! Ich bin der Kapitän. Es gibt bald Hochwasser. Ich muss schnell nach Koblenz fahren. Können Sie Ihren Sohn in Koblenz abholen? Oder soll er mit dem Zug zurückfahren?"

In der Schweiz spricht man vier Sprachen: Schweizerdeutsch, Italienisch, Französisch und Rätoromanisch.

In dem Moment ruft Roman: „Oh nein! Das geht nicht! Mein Geld ist weg! Und mein Pass ist auch weg!"

Roman ist sehr nervös. Sein Vater will die Polizei informieren und wieder anrufen.

# 8 Auf dem Flussschiff

„Caro, zeigst du Roman das Schiff?", sagt Carolinas Vater.
„Klar, Papa."
Carolina freut sich. Sie findet Roman sehr nett.
„Also, hier ist das Wohnzimmer. Die Küche kennst du ja schon. Und hier ist das Schlafzimmer. Das ist mein Zimmer und hier ist noch ein kleines Zimmer für Gäste. Das Bad ist da vorne …"
„Und es gibt noch einen Vorratsraum …", sagt Roman.

„Ha, ha …" Carolina lacht.

„Wohnst du immer hier?", fragt Roman.

„Nein, ich bin nur in den Ferien auf dem Schiff", antwortet Carolina. „Ich bin zum ersten Mal auf einem Flussschiff. Ich finde es sehr interessant."

„Na ja, manchmal ist es auch langweilig."

„Was transportiert das Schiff heute?", fragt Roman.

„Wir transportieren Maschinen nach Koblenz."

„In Koblenz ist doch die größte Burg Deutschlands", sagt Roman.

„Ja, die *Festung Ehrenbreitstein*."

❋

„Caro, Roman! Kommt ihr bitte mal!", ruft Carolinas Vater.

Die beiden laufen schnell nach oben.

„Roman, dein Vater hat angerufen. Er sagt, die Polizei sucht eine Bande."

„Eine Bande?"

„Ja, eine Gruppe von Kriminellen. Sie haben ein Spray. Und das Spray macht sehr müde. Dann nehmen sie dir Geld und Pass weg."

Carolina findet diese Geschichte sehr interessant! Polizi, eine Bande, kein Pass, kein Geld …

„Roman, du kannst bis Koblenz mitfahren", sagt Carolinas Vater.

„Wirklich? Sehr gerne! Ich war noch nie in Koblenz!" Roman freut sich. Und Carolina freut sich auch.

## 9 Auf dem Rhein

„Sieh mal, Roman. Links ist Frankreich. Rechts ist Deutschland. Der Rhein ist die Grenze", sagt Carolina.

Sie fahren an Straßburg vorbei und sehen die Kathedrale.

„Auf dem Rhein sind aber heute viele Schiffe. Das ist ja wie auf der Autobahn", sagt Roman.

„Stimmt! Auf dem Rhein können insgesamt ungefähr 500 Schiffe fahren."

„So viele?"

Roman findet das alles sehr interessant.

„Warum transportiert man etwas mit einem Flussschiff? Es gibt doch Züge und Lkws?", fragt er.

„Flussschiffe können viel mehr transportieren als Lkws oder Züge.

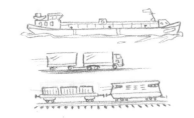

Transport von ca. 16.000 Tonnen:
1 Schiff oder
650 Lkws oder
400 Eisenbahnwaggons

Und Flussschiffe sind sehr umweltfreundlich. Die Motoren verbrauchen nur wenig Diesel", erklärt Carolina.

„Dann sind Schiffe viel besser für die Natur. Warum gibt es nicht noch mehr Transporte auf Schiffen?", fragt Roman.

„Das ist kein leichter Job. Du bist immer auf dem Fluss. Manchmal bist du nur ein paar Tage im Monat zu Hause. Und schlechtes Wetter ist ein Risiko."

„Warum?", fragt Roman.

„Bei Hochwasser kannst du nicht fahren. Und dann bekommst du kein Geld für die Transporte."

„Ach so!"

„Aber es ist auch schön. Sehr viele Touristen kommen zum Rhein ... Zwischen Bingen und Koblenz gibt es 26 Burgen. Sieh mal, da ist schon wieder eine Burg ...!"

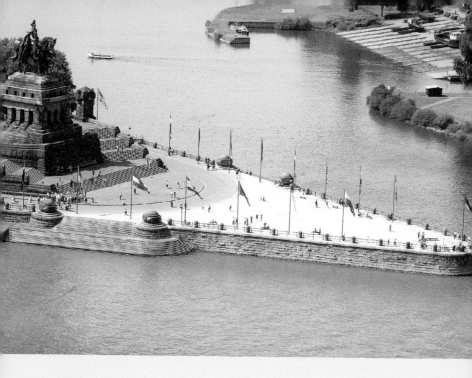

# 10 / Kriminelle in Koblenz

Carolinas Vater organisiert den Transport der Maschinen. Carolina und Roman sitzen am *Deutschen Eck*. Sie sehen auf Rhein und Mosel. Dort sind im Sommer immer viele Schiffe und viele Touristen.

Aber heute sitzt nur ein Tourist alleine auf einer Bank.

„Sieh mal!", ruft Carolina plötzlich.

Der Tourist liegt neben der Bank im Gras. Drei junge Männer laufen schnell mit seinem roten Rucksack weg.

„Das sind Kriminelle!", ruft Roman.

Roman und Carolina laufen schnell zu dem Mann.

„Geht es Ihnen gut?", fragt Roman.

„Ich bin so müde!", antwortet der Tourist. „Aber wo ist mein Rucksack? Und mein Geld ist auch weg!"

Carolina nimmt ihr Handy und wählt die Telefonnummer 110.

„Polizei Koblenz, guten Tag!"

„Hallo, bitte kommen Sie schnell!"

„Was ist passiert? Wer sind Sie?"

„Mein Name ist Carolina Linden. Ich bin am *Deutschen Eck*, bei den Touristenschiffen am Rhein. Hier ist ein Tourist. Drei junge Männer haben seinen Rucksack und sein Geld."

„Wir schicken sofort ein Polizeiauto. Wie sehen die jungen Männer aus? Wohin laufen sie jetzt?"

„Also, die Männer tragen alle Jeans, schwarze Sweatshirts und Basketballkappen. Sie laufen Richtung Altstadt!"

„Danke, Carolina. Wir geben die Information an alle Polizeiautos in Koblenz. Die Polizei ist in ein paar Minuten bei dir!"

In diesem Moment hört Carolina schon „Tatü-Tata".

Die Polizisten hören noch einmal, was passiert ist. Dann gibt es eine Information: Ein anderes Polizeiauto hat die Kriminellen gefunden.

In diesem Moment hat Roman eine Idee: Das sind die gleichen Kriminellen wie in Basel!

„Ich war auch sehr müde und mein Geld war weg!" Roman erzählt den Polizisten seine Geschichte.

Die Polizisten rufen bei der Polizei in Basel an.

„Das stimmt. Die Kriminellen sind mit dem Zug von Basel nach Koblenz gefahren. Sie haben ein Spray. Das macht sehr müde. Dann nehmen sie das Geld und laufen weg."

❀

Carolina, Roman und der Tourist müssen zur Polizei mitgehen. Da sehen sie die Kriminellen. Diese jungen Männer nehmen den Touristen das Geld weg. Und Roman hat die Männer auch in Basel gesehen. Er bekommt seinen Pass und sein Geld zurück. Alles ist gut.

# 11 / Neue Fahrt und neue Pläne

Carolina und Roman gehen zurück zum Schiff. Sie erzählen Carolinas Eltern die Geschichte. Sie informieren auch Romans Eltern.

„Roman, du hast deinen Pass und dein Geld wieder. Du kannst mit dem Zug nach Basel zurückfahren", sagt Carolinas Mutter.

Carolinas Vater lacht und sagt: „Ich habe einen neuen Transport für unser Flussschiff. Ich muss Aluminium von Koblenz nach Basel transportieren. Du kannst also auch auf dem Schiff nach Basel fahren."

Roman freut sich sehr. Und Carolina auch!

❈

In Basel treffen sie Romans Eltern.

„Grüezi, Roman."

„Grüezi Mama! Hi Papa! Das ist Caro, und das sind ihre Eltern."

Die Eltern von Roman und Carolina begrüßen sich.

„Vielen Dank für alles", sagt Romans Vater.

❋

Die Eltern sprechen über Flussschiffe und über Transporte. Und Carolina und Roman? Sie sprechen über die Sommerferien.

Roman hat auf seiner Tour mit dem Schiff viel von Deutschland gesehen. Seine Eltern haben eine Idee.

„Carolina, möchtest du in den Sommerferien nach Basel kommen?", fragt Romans Mutter.

„Ja, gerne. Ich war noch nie in der Schweiz! Ich kenne nur den Hafen in Basel." Carolina findet die Idee sehr gut.

„Dann machen wir eine Tour auf die Berge, gehen schwimmen, essen in der Altstadt eine Pizza …", sagt Roman.

„… und dann sind wir wieder auf einem Flussschiff … im Vorratsraum!", sagt Carolina und lacht.

# QUIZ

*Nur eine Antwort ist richtig!*

**1**
- ○ A Der Rhein ist der längste Fluss Deutschlands.
- ○ B Die Mosel ist der längste Fluss Deutschlands.
- ○ C Koblenz ist der längste Fluss Deutschlands.

**2**
- ○ A Basel liegt in Frankreich.
- ○ B Basel liegt in der Schweiz.
- ○ C Basel liegt in Deutschland.

**3**
- ○ A „Spätzle" sind eine Spezialität aus Süddeutschland.
- ○ B „Spätzle" heißt Carolinas Mutter.
- ○ C „Spätzle" ist eine Stadt am Rhein.

**4**
- ○ A Roman arbeitet auf dem Flussschiff.
- ○ B Roman ist der Kapitän auf dem Flussschiff.
- ○ C Roman ist ein „Blinder Passagier" auf dem Flussschiff.

Lösung: 1A 2B 3A 4C

## Bildquellen

## Weitere Hefte in der Reihe:

**Gefahr am Strand**

**Abenteuer im Schnee**

**Unheimliches im Wald**

**Spannende Tour im Schwarzwald**

**Der Schatz von Hiddensee**

**Wilde Pferde im Münsterland**

**Dramatische Szenen in Weimar**